espacios de comunicación
areas of communication
surfaces de communication

Director — Editor — Directeur
Marta Ribalta

Corresponsal Madrid
Madrid correspondent
Correspondant à Madrid
Belen Feduchi

Corresponsal Italia
Italian Correspondent
Correspondant en Italie
Mario Raznovich

Diseño gráfico
Layout
Conception graphique
Estudio Zimmermann

Publicidad:
Editorial Blume.
Tuset 17 — Tel 2283252 — Barcelona-6

Primera edición 1976

First published 1976

Première édition 1976

ISBN 84—7031—447—5

EDITORIAL BLUME
Tuset 17 - Barcelona-6

sumario

summary

sommaire

La escalera real siempre gana al poker
Gabriel Mora, arquitecto

1. Recibidores
2. Pasillos
3. Escaleras

La royal staircase always wins
the poker,
Gabriel Mora, architect

1. Entrances
2. Hallways
3. Stairs

La "escalera real" (suite royale)
gagne toujours au poker,
Gabriel Mora, architecte

1 Entrées
2 Couloirs
3 Escaliers

espacios de comunicación

areas of communication

surfaces de communication

La escalera real siempre gana al poker

Puede afirmarse que todas las construcciones han tenido, y siguen teniendo, algún tipo de escalera. Parecería lógico que esta permanencia de la escalera en nuestra vida cotidiana, la hubiera reducido a un elemento que nos dejara indiferentes, como ha sucedido con otros muchos. Sin embargo, el hecho de que la escalera nos obligue a un desplazamiento vertical, modificando con ello nuestro modo habitual de desplazamiento, hace que la prestemos una atención especial. La primera sensación que percibimos al usarla, de tipo meramente funcional, consiste en su mayor o menor grado de comodidad, sujeto a la simple relación numérica entre la huella y su contrahuella. Pero además, como todas las cosas, la escalera puede ser bonita o fea. En otras palabras: la escalera puede contener unos valores espaciales que la conviertan en una obra de arte susceptible de proporcionar fruición estética.

Al dar una sensación de victoria constructiva sobre la gravedad, la escalera adquiere un contenido fuertemente expresivo. La historia de la arquitectura nos proporciona numerosos ejemplos de inteligentes y bellos diseños de escaleras, muchas de éstas, sintetizadoras de nuevas interpretaciones culturales del espacio arquitectónico.

1 Escalinata de España, Roma (1723-1725), Francesco de Sanctis

2 Casa en la calle de Turín, Bruselas (1893), Victor Horta

3 Villa Malaparte, Capri (1940), Adalberto Libera

4 Biblioteca Laurenziana, Florencia (1524-1526), Miguel Angel

5 Villa Saboya, Poissy (1929-1931), Le Corbusier

6 Dormitorios del Instituto Massachusetts de Tecnología, Cambridge (1947-1948), Alvar Aalto

Pero, más allá de sus lecturas funcionales y formales, la escalera es uno de los elementos arquitectónicos más vinculados a los símbolos, convirtiéndose así en un elemento esencialmente ritual, presente en la historia desde sus orígenes. Los actos de subir, ascender, escalar... están estrechamente vinculados a los conceptos de dominación, gradación, jerarquía, etc.
"Ascender a la cumbre", "subir los peldaños de la popularidad", "escalar puestos en el Gobierno", "la escalada del poder"... son frases hechas, muy usuales, que aparecen frecuentemente en nuestros medios de comunicación, asociando

las ansias de triunfo con el símbolo físico de la escalera.
En la antigüedad, el símbolo de la escalera estaba vinculado a un sentimiento místico-religioso: la escalera conducía a Dios, que estaba en las alturas. Los zigurats, las pirámides escalonadas, los teocalis de la América precolombina, los monumentos-observatorios hindúes son algunos ejemplos de la identificación entre forma y rito. En la Edad Media predomina particularmente este sentido afirmativo (ascendente) de la escalera y se relaciona directamente con el cielo. Por ello, una escalera por debajo del nivel del suelo es símbolo de lo infernal.

La idea de escala jerárquica, en la que el Dios o el poderoso se encuentra en la cúspide, es utilizada por las clases dominantes para acentuar su imagen de fuerza y asegurarse el vasallaje de sus súbditos y servidores. Así, las jerarquías religiosas y políticas utilizaron, y siguen utilizando, este elemento arquitectónico como forma espacial que los inviste de poder dominante e inasequible. Es obvio que el elemento escalera se sirve, además, de otros atributos para realzar la idea de riqueza y poderío: la forma y los materiales; pero en la base del rito permanece el concepto dominante que proporciona la altura. 179

En los templos, el altar se halla elevado. A su vez, las fachadas de las iglesias presentan escaleras. Monasterios y castillos solían colocarse en puntos altos del paisaje para destacar-dominar sobre el entorno y su correspondiente acceso permitía la construcción de empinadas y largas escaleras-camino. Los majestuosos palacios barrocos presentan las mismas características: su basamento es una gran escalinata y en el interior se construyen las más refinadas escaleras que el juego geométrico permite. También las dictaduras del siglo XX, acumulando toda la herencia simbólica que le proporciona la historia y utilizando una retórica trágicamente grotesca, crean, mediante escaleras, grandes parodias de gloria y poder. Espectáculos y juegos nos remiten nuevamente a la utilización del símbolo ascensional: el teatro griego, el circo romano y el estadio actual. Espacios circulares formados por una generatriz escalonada que, además de sus virtudes funcionales de tipo visual, contienen una cierta expresión de poder popular y crean una ambigua relación entre las mesas situadas en las gradas —que otorgan o rechazan— y el atleta o el comediante cuya gloria o fracaso depende del veredicto colectivo que va a recibir. En el mismo estadio tiene lugar la expresión más elemental del símbolo gloria-escalera: la entrega de medallas a los vencedores, realizada en el podium.
También el mundo formal del surrealismo se apropia del símbolo de la escalera para sus divagaciones oníricas.

El mismo simbolismo expresivo que proporcionan las escaleras viene siendo utilizada por el cine. La exaltación de la épica revolucionaria se sintetiza en la famosa secuencia de la matanza en las escalinatas de San Petersburgo, en "El acorazado Potemkin". La burguesía americana gusta de verse representada en el cine a través de escenas que muestren sus suntuosas mansiones georgianas: la belleza de la estrella femenina deslumbra mejor si desciende al hall, desde donde la contempla su amado arrebatado por la fascinación, a través de una escalera semicircular.
Sin embargo, el cine ha ido modificando esta relación simbólica escalera-poder. El poderío americano está en la actualidad plasmado físicamente en el rascacielos neoyorquino y el ascensor sustituye a la escalera en las imágenes; la aparición de los nuevos poderosos se realiza a través de una puerta automática, que nos los muestra dentro de una lujosa cabina misteriosamente iluminada. Recuérdese la serie James Bond y otras que con profusión han seguido a ésta. Quizás en un futuro próximo el ascensor consiga dar al traste con el enraizado y seguro símbolo de la escalera.
Sin embargo, parece que faltan todavía muchos años para que la imagen de Su Alteza presidiendo una recepción desde un ascensor con las puertas abiertas no nos provoque una especial sensación de ridículo.

Gabriel Mora, arquitecto

7

8

9

10

11

12

13

14

7 Monumento a los caídos nazis en la Königsplatz, Munich, Paul Ludwig Troost
8 Pintura surrealista. ''El juego lúgubre'' (1929), Salvador Dalí
9 Juegos Olímpicos de México (1968). Atletas negros americanos protestan con el signo de Black Power contra la segregación racial en los Estados Unidos
10 Pirámide escalonada Saqqara, Egipto, 2600 a. de J.C., III dinastía
11 Observatorio del sultán Jai Singh en Jaipur, Delhi
12 El acorazado Potemkin'' (1925). Filme dirigido por S.M. Eisenstein
13 Residencia Real en Caserta, Nápoles
14 ''Lo que el viento se llevó'' (1939). Filme dirigido por Víctor Fleming

The royal staircase
always wins the poker

It goes without saying that every kind of building has had, and continues to have, some sort of staircase. It seems logical that this permanence of the staircase in our homes should have reduced it to something toward which we feel completely indifferent, as with so many other things in the home. But, as a matter of fact, the very fact that the staircase obliges us to move vertically, thus changing our normal mode of movement, makes us give special attention to it. The first sensation we receive when we use the stairs is of greater or lesser comfort. This depends simply on the ratio of the tread and rise of the steps. But beyond that, just like everything else, stairs can be beautiful or ugly. In other words, stairs can contain special features that transform them into a work of art offering real esthetic satisfaction. By producing the sensation of defying gravity the staircase becomes powerfully expressive. The history of architecture affords us many examples of intelligent and beautiful designs of staircases. Many of these expressed new cultural interpretations of architectural space.

But aside from its functional and formal lessons, the staircase is one of the architectural elements with the gratest affinity for symbols. It is thus a ritual element and has been since its very beginning. The act of rising, ascending, or going up is always associated with the idea of domination, gradation, hierarchy, etc.
"Soar to the heights", "rise in popularity", "rise to power", "work his way to the top", and so on are common expressions. They are often used in normal conversation connecting the idea of triumph or success with the physical symbol of the staircase.
In antiquity the symbol of stairs was related to a mystical or religious idea. Stairs led up to God who dwelt on high. Zigurats, stepped pyramids, the teocallis of old American civilizations, and Hindu observatory-monuments are a few examples of this identification of form and rite. In the Middle Ages the affirmative (ascendant) direction of the stairs was always suggestive of heaven. Thus a stairway below floor level came to symbolize hell.
The idea of hierarchical stairs

where God or the potentate sits at the top is used by ruling classes to accentuate their own image and to keep their subjects and servants in place. Thus religious and political hierarchies used to use this architectural element as a means of investing themselves with dominating and inaccessible power, and still do. Obviously other factors are used in the staircase to heighten this impression of power and wealth, namely form and materials. But it is primarily the sense of height that predominates. In temples the altar is always on a raised level. Likewise there are always steps leading up to the front of a church. Monasteries and castles were usually built on high elevations to stand out and dominate over the surrounding countryside. They were often approached by long rising pathways. The majestic Baroque palaces present the same characteristics. Their foundation is like a huge set of steps and inside they contain the most refined staircases that geometry allows. At the same time the dictatorships of the 20th century, while accumulating a vast symbolic inheritance from the past and employing a grotesque rhetoric, have created great parodies of glory and power by means of staircases. Games and spectacles remind us once again of the use of ascent as a symbol: the Greek theater, the Roman circus, and today's stadiums. These circular and stepped constructions have a certain air of popular power about them besides their obvious functional value.

They create a certain ambiguous relationship between the spectators on the risers and the athlete or actor whose glory or shame depends on the collective veredict he will receive. Within the stadium the same symbolic concept of "steps to glory" is repeated in the awarding of medals on the podium.

The formal world of surrealism makes use of the staircase in its wanderings into the dreamworld.

The symbol of the staircase is found even in film-making .The exaltation of the revolutionary period is expressed in the famous death scene on the steps of St. Petersburg in "The Battleship Potemkin". The American bourgeoisie loves to see itself represented in the movies in beautiful Georgian mansions. The female star always seems more beautiful as she descends a semi-circular staircase to her lover waiting in the hall below.

Movies, however, have changed this power-staircase relationship somewhat. For the present, power in America is housed in the great sky-scrapers of New York where the elevator replaces the stairway.

The power holders now appear to us through an electric door in their luxurious and mysteriously lighted offices. Take for example the James Bond series and the many others that have followed.

Perhaps in the future the elevator will manage to take the place of the staircase as the entrenched symbol of power. But it will be a long time before we will be able to imagine His Majesty presiding at a reception through the open doors of an elevator!

Gabriel Mora, architect

La «escalera real» (suite royale) gagne toujours au poker.

On peut assurer que toutes les constructions ont eu et continuent à avoir des escaliers. Il pourrait sembler logique que cette permanence de l'escalier dans notre vie quotidienne nous laisse indifférents, comme il est arrivé pour de nombreux autres éléments. Cependant, le fait que l'escalier nous mène à un déplacement vertical, modifiant ainsi notre mode de déplacement, nous oblige à lui prêter une attention spéciale. La première sensation quand nous l'utilisons est de type purement fonctionnel; est-il pénible ou non à monter; ceci est lié à la relation numérique qui existe entre la marche et sa contre marche. Mais en plus, l'escalier peut être joli ou non. Autrement dit, il peut posséder des valeurs spéciales le convertissant en une oeuvre d'art suceptible de procurer un plaisir esthétique. Comme il donne une sensation de victoire constructive sur la gravité, l'escalier acquiert un contenu fortement expressif. L'histoire de l'architecture nous montre de nombreux exemples de beaux escaliers qui synthétisent bien souvent de nouvelles interprétations culturelles de l'espace architectural. Mais au delà de ses formes fonctionnelles et formelles, l'éscalier est un des éléments les plus rattachés aux symboles, et il se convertit de la sorte en élément essentiellement rituel, présent dans l'histoire depuis son origine. S'élever, grimper, etc., sont étroitement liés aux concepts de domination, de gradation, de hiérarchie, etc.

S'élever vers la cime, grimper les échelons de la popularité, l'ascension vers le pouvoir, l'escalade du pouvoir sont des phrases toutes faites, utilisées fréquemment dans nos modes de communication, et qui associent le désir de triompher au symbole physique des escaliers.

Dans l'antiquité, le symbole de l'escalier était lié à un sentiment mystico-religieux: l'escalier conduisait à Dieu qui se trouvait "en haut". Les ziggourats chaldéens, les pyramides en escaliers, les téocalis de l'Amérique pré-colombienne, les monuments-observatoires hindous sont des exemples de cette identification entre la forme et le rite. Au Moyen Age, ce sens affirmatif (ascendant) de l'escalier le relie directement au ciel. C'est pourquoi un escalier situé au dessous du niveau du sol est symbole de ce qui a trait à l'enfer.

L'idée d'échelle hiérarchique dans laquelle le Dieu ou l'être tout puissant se trouve au sommet est utilisée par les classes dominantes pour accentuer leur image de force, et s'assurer la vassalité de leurs sujets et de leurs domestiques. C'est ainsi que les hiérarchies politiques et religieuses utilisèrent et utilisent encore cet élément architectural comme forme spaciale qui leur confère un pouvoir dominant et innaccessible. Il est évident que l'élément escalier se sert en plus d'autres attributs pour l'idée de richesse et de pouvoir: la forme et les matériaux; mais la base du rite subsiste dans le concept dominant qu'octroie la hauteur. Dans les temples, l'autel est surélevé. Les façades des églises présentent à leur tour des escaliers. Les monastères, les châteaux s'élevaient sur des hauteurs pour pouvoir se détacher et dominer les alentours, ce qui demandait la construction de chemins-escaliers longs et élevés. Les majestueux palais baroques présentent les mêmes caractéristiques: leur base est un grand escalier, et on construit à l'intérieur les escaliers les plus raffinés que le jeu géométrique permette. Les dictatures du 20ème siècle aussi, accumulant tout l'héritage symbolique que l'histoire leur fournit, et utilisant une rhétorique tragiquement grotesque, créent au moyen des escaliers de grandes parodies de gloire et de pouvoir. Les spectacles et les jeux nous renvoient de nouveau à l'utilisation du symbole ascensionnel: le théatre grec, le cirque romain et le stade actuel. Espaces circulaires formés par une génératrice en escalier qui, outre ses vertus fonctionnelles de type visuel, contiennent une certaine expression de pouvoir populaire et créent une relation ambiguë entre les tables situées sur les gradins —qui donnent ou retirent— et l'athlète ou le comédien dont la gloire ou l'échec dépend du verdict collectif qu'il va recevoir. C'est sur le stade qu'apparait sous sa forme la plus élémentaire le symbole gloire-escalier: la remise des médailles au vainqueur qui s'effectue sur le podium. Le monde formel du surréalisme s'approprie aussi le symbole de l'escalier pour ses divagations oniriques.

La même symbologie expressive fournie par les escaliers est utilisée au cinéma. L'exaltation de l'épique révolutionnaire est synthétisée dans la célèbre tuerie sur les marches de St. Pétersbourg dans "Le cuirassé Potemkin". La bourgeoisie américaine aime être représentée au cinéma à travers des scènes qui montrent ses somptueuses maisons de Géorgie. La beauté de l'étoile féminine éblouit davantage si cette dernière descend dans le hall, d'où l'être aimé la contemple fasciné, par un escalier semi circulaire.
Le cinéma a cependant modifié cette relation symbolique escalier-pouvoir. Le pouvoir américain se trouve actuellement ancré physiquement dans les gratte-ciel new-yorkais, et l'ascenseur substitue, sur les images, l'escalier; l'apparition du puissant se fait maintenant par la porte automatique, qui nous le montre à l'intérieur d'une luxueuse cabine mystérieusement éclairée.
Rappelons nous la série James Bond et les nombreuses autres qui l'ont suivies. Peut-être que dans un futur assez proche, l'ascenseur pourra détrôner ce bon vieux symbole de l'escalier. Il semble

cependant encore assez lointain le jour où le spectacle de son Altesse président une réception d'un ascenseur aux portes ouvertes ne provoquera pas une sensation particulière de ridicule.

Gabriel Mora architecte

Ces textes correspondent aux legèndes inclues dans l'article en langue espagnole.

1 Escalier d'Espagne, Rome 1723-1725 Francesco de Sanctis
2 Maison rue de Turin, Bruxelles (1893), Victor Horta
3 Villa Malaparte, Capri (1940), Adalberto Libera
4 Bibliothèque Laurenziana, Florence (1524-1526) Miguel Ange
5 Villa de Savoie, Poissy (1929-1931) Le Corbusier
6 Chambres de l'Institut Massachusetts de Technologie, Cambridge (1947-1948) Alvar Aalto
7 Monuments aux morts nazis sur la Königsplatz, Munich, Paul Ludwig Troost
8 Peinture surréaliste: "le Jeu lugubre" (1929), Salvador Dali
9 Jeux Olympiques de Mexico (1968). Athlètes noirs protestent avec le signe du black Power contre le ségrégation raciale aux Etats Unis.
10 Pyramide en escaliers Saqqara, Egypte, 2600 ans av. J.C.
11 Observatoire du Sultan Jai Singh à Jaipur Delhi
12 "Le cuirassé Potemkin" (1925). Film mis en scène par S.M. Eisenstein
13 Résidence Royale à Caserta, Naples
14 "Autant en emporte le vent" (1939) Film mis en scène par Victor Fleming

185

M. y C. Sánchez Diezma
Interioristas

Este ejemplo corresponde
al arreglo de un piso
antiguo donde las
dimensiones son amplias y
agradables.
El piso está decorado de
forma sobria y elegante.
Se han enmarcado todas las
aberturas con marcos de
madera oscura; la moqueta
es del mismo tono.
La separación entre el
recibidor y la sala de
estar se ha conseguido
mediante la colocación de
maceteros a distintas
alturas y una lámpara
cilíndrica de dos cuerpos,
también de alturas
diferentes.
En el recibidor se ha
instalado un armario cuyos
laterales, forrados con
espejo, reproducen y
amplían el espacio.

This example is from an
old flat of large and
pleasant dimensions.
The flat is decorated
soberly and elegantly.
All the openings are
framed in dark wood and
the moquette is the same
color.
The entrance is separated
from the living room with
flower pots on different
levels and a double
cylinder-shaped lamp also
on two levels.
There is a cupboard in the
entrance whose sides are
covered with mirrors which
help to enlarge the sense
of space.

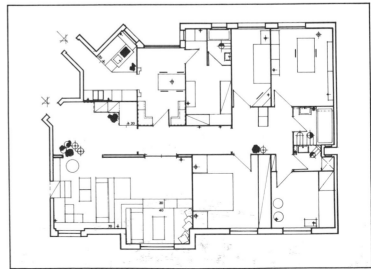

Cet exemple correspond à l'aménagement d'un vieil appartement aux dimensions grandes et agréables. L'appartement est décoré d'une manière sobre et élégante. Toutes les ouvertures ont un encadrement de bois sombre, la moquette est dans le même ton.
La séparation entre l'entrée et la salle de séjour est faite par des pots de plantes placés à des hauteurs différentes et une lampe cylindrique composée de deux parties situées aussi à des hauteurs différentes.
On a installé dans l'entrée une armoire, dont les cotés sont chacun recouverts d'une glace qui reproduit et agrandit l'espace.

Franco Mazzucchelli
Arquitecto

Este recibidor está ubicado en un antiguo edificio en Milán; las paredes se han esmaltado con pintura de color azul noche brillante. Son de destacar los sillones, diseño de Le Corbusier.

This entrance is found in an old building in Milan. The walls are painted with bright night blue enamel. Notice the armchairs designed by Le Corbusier.

Cette entrée est située dans un vieil édifice de Milan; les murs sont émaillés avec une peinture bleu nuit brillante. Les fauteuils exécutés d'après un dessin de Le Corbusier, sont à remarquer.

M. Pietrantoni - C. Venosta
Arquitectos

Este espacio no es concretamente la entrada de la vivienda, pero cumple esta función de espacio de transición entre zonas de distinto uso.
Las paredes están revestidas en lamé, color bronce claro, con líneas de elementos metálicos color turquesa; el único objeto decorativo es la lámpara "Nuvola".

This space is not really the entrance to the home, but it does serve as a transition between areas of different uses.
The walls are finished in light bronze colored fabric with lines of turquoise colored metalic strips.
The only decorative object is the "Nuvola" lamp.

Cet espace n'est pas précisément l'entrée de l'habitation, mais il remplit la fonction d'espace de transition entre des zones à usage différent.
Les murs sont recouverts de lamé bronze clair, avec des lignes d'éléments métaliques couleur turquoise; le seul objet décoratif est la lampe Nuvola".

Joaquín Prats
Interiorista

Inicialmente este recibidor estaba conectado a la sala de estar contigua por una doble puerta.
Al reformar la vivienda se situaron en su lugar una serie de armarios, que ocultan una corredera cuando la puerta permanece abierta. Las caras laterales de estos armarios están tratadas como los muros, conteniendo en algunas zonas espejos que modifican sus volúmenes reales. Uno de los armarios alberga una vitrina a través de la cual se conecta visualmente el recibidor con el comedor.

At first this entrance was connected to the living room with a double door. When the home was remodeled the door was replaced by a set of cupboards that hide a sliding door when it is open. The sides of the cupboards are finished like the walls. In some places they have mirrors which visually modify their volume. One of the cupboards is a china closet which connects the entrance and the dining room visually.

Inicialement cette éntrée
était reliée à la salle
de séjour contigüe par
une porte double.
Lors de travaux dans la
maison, on a installé
à la place de la porte
double une série
d'armoires qui cachent
une porte coulissante.
Les cotés de ces armoires
sont traités comme les
murs; on a placé à
certains endroits des
glaces qui modifient les
volumes réels. Une de
ces armoires abrite une
vitrine à travers laquelle
l'entrée communique
visuellement avec la salle
à manger.

Claudio Dini
Arquitecto

Se ha usado en toda la
vivienda el color negro
para realizar el interior:
moqueta, paredes divisorias,
cielorraso, muebles, etc.
Las notas de color las
dan los objetos decorativos:
lámparas, libros, flores.

Black has been used in
the interior of the whole
house, including moquette,
dividing walls, ceiling,
furniture, etc.
The decorative objects,
lamps, books, flowers,
etc., provide notes of
color.

La couleur noire a été
utilisée dans toute
l'habitation pour
réaliser l'intérieur:
cloisons, plafond,
meubles, etc.
Les notes de couleur sont
données par les objets
de décoration; lampes
livres, fleurs.

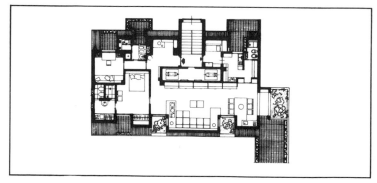

Gregotti - Maneghetti - Stoppino
Arquitectos

Se intentaba eliminar las separaciones y crear un espacio continuo, subestimando los usos funcionales propios de cada zona. La vivienda es, pues, una sucesión de espacios que parten de la zona de entrada y llegan hasta el baño principal, situado en el extremo opuesto.

The aim was to eliminate separations and to create a continuous space, minimizing the functional uses of each area. The home is thus a succession of spaces beginning at the entrance and leading to the main bathroom at the opposite end.

Il s'agissait d'éliminer les séparations et de créer un espace continu, en sous-estimant les usages fonctionnels propres à chaque zone. L'habitat est donc une succession d'espaces qui partent de l'entrée et arrivent à la salle de bains principale située à l'autre extremité.

Camila Jubert
Interiorista

Este recibidor es de pequeñas dimensiones. Para conseguir mayor amplitud se ha colocado un espejo en la parte de acceso a la sala de estar, de esta forma se dobla visualmente el espacio; en la entrada a la zona de dormitorios se utiliza como elemento de aislamiento una cortina.

This entrace is small, so in order to enlarge it a mirror was placed where one enters the living room to visually double the area. A curtain is used to divide off the zone leading to the bredrooms.

Cette entrée a de petites dimensions. Pour obtenir une plus grande dimension, on a placé une glace dans la zone d'accès à la salle de séjour; de cette façon, l'espace double visuellement. On a utilisé un rideau comme élément de séparation à l'entrée de la zone des chambres.

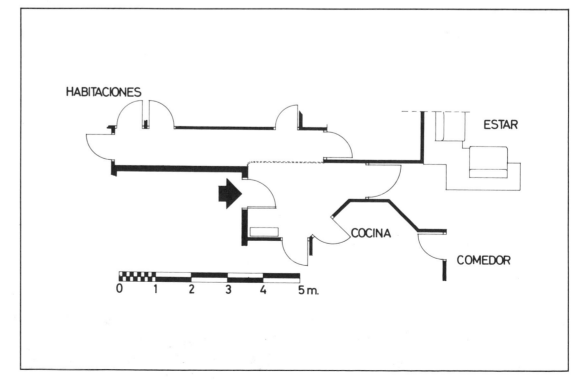

HABITACIONES

ESTAR

COCINA

COMEDOR

0 1 2 3 4 5 m.

Giorgino Pes
Arquitecto

Este recibidor, al igual
que la sala de estar, está
tratado con materiales
brillantes y de colores
fuertes, azul oscuro y
rojo.
El elemento más
importante está formado
por dos colmillos sujetos
con un soporte metálico.
El conjunto de esta
entrada produce la
sensación de penetrar
en un espacio de ciencia-
ficción.

This entrance, like the
living room, is finished
in bright colored
materials, dark blue and
red.
The most important
element is composed of
two elephant tusks on
a metal base. They create
the sensation that one is
entering a scene from a
science fiction novel.

Cette entrée a été
traitée, tout comme la
salle de séjour, avec
des matériaux brillants
aux couleurs vives,
bleu foncé et rouge.
L'élément le plus
important est formé par
deux défenses d'éléphant
soutenues par un support
métalique. L'ensemble
de cette entrée donne la
sensation de pénétrer dans
un espace de science
fiction.

197

José Alemany - Camila Jubert
Arquitecto   Interiorista

En este ejemplo se debían resolver varios problemas que se acumulaban en un espacio muy reducido (vestíbulo, accesos al comedor-cocina y a la sala de estar, y escalera a la zona de los dormitorios de los niños).

Lo más importante era iluminar este espacio y ampliarlo al máximo. Para ello, la separación con el estar no llega al techo y se ha adosado a la escalera que se menciona anteriormente una repisa perimetral a nivel del suelo. Este espacio se ilumina, también, por una pequeña abertura cenital.

In this example various problems coinciding in a small space had to be solved. These included: vestibule, access to the kitchen-dining room and to the living room, and a stairway leading to the children's bedrooms. The most important thing was to illuminate this area and to make it as big as possible. To do this the separation between the entrance and living room was not taken all the way up to the ceiling. A floor level ledge was built around the top of the stairs. It is lighted by a small opening overhead.

Barcelona, 1975

On devait ici résoudre
plusieurs problèmes qui
s'accumulaient dans un
espace très réduit
(vestibule, accès à la
salle à manger-cuisine
et à la salle de séjour,
escalier vers la partie
chambre des enfants). La
chose la plus importante
à faire était d'éclairer
cet espace, et l'agrandir
au maximum; dans ce but,
la séparation avec la
salle de séjour n'arrive
pas au plafond, et on a
adossé à l'escalier
et au niveau du sol, un
rebord perimétrique. Cet
espace est aussi éclairé
par une petite ouverture
zénithale.

Adalberto Dal Lago

Arquitecto

Este recibidor ha sido tratado de forma que se convirtiera en un espacio agradable y acogedor; para ello varios de los elementos que se han colocado tienen cierto aspecto tradicional: cómoda de caoba, perchero thonet, reproducciones de grabados antiguos, etc.

This entrance has been made into a pleasant and welcoming place. To produce this effect several of the objects have a certain traditional aspect about them, the mahogany commode, Thonet coat rack, reproductions of old prints, etc.

Cette entrée a été décorée de façon à se convertir en un espace agréable et accueillant; c'est pour cela que plusieurs éléments de ceux qui ont été placés ici ont un certain aspect traditionnel: commode en caoba, porte manteau thonet, reproductions de gravures anciennes, etc.

A. Salvati - A. Tresoldi
Arquitectos

El espacio está tratado en las partes de madera con pintura brillante, ello provoca reflejos donde aparecen reproducidas las obras de arte creando ilusiones ópticas. Las paredes están revestidas con tela gris y la moqueta es de color marrón.

The woodwork in this room is painted with glossy paint. This creates optical illusions where the art works are reproduced in reflections. The walls are covered with gray cloth and the moquette is brown.

Les parties en bois ont été peintes avec une peinture brillante, ce qui reflète les oeuvres d'art et crée une illusion optique. Les murs sont tendus de toile grise, et la moquette est marron.

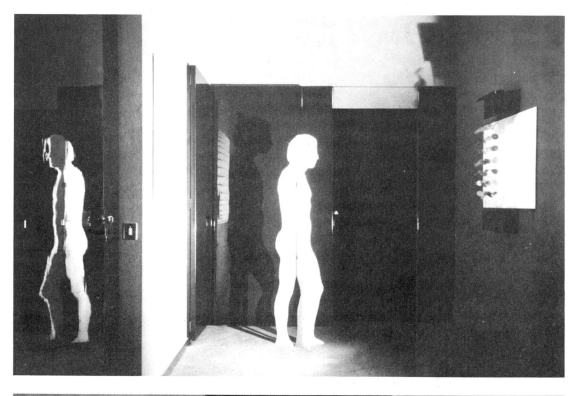

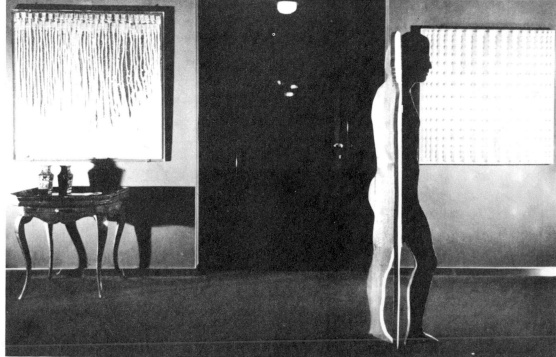

Studio A4
Arquitectos

En esta vivienda, para decorar la entrada, se colocaron elementos de diseño actual: sillón y estanterías de metacrilato transparente, ya que este material no ocupa visualmente el espacio. Todo ello se apoya en una alfombra de esparto que da calor a la zona.

Objects of modern design are used to decorate the entrance to this home. The chair and shelves are made of transparent metacrylate which does not occupy space visually. It all rests on an esparto carpet making this area warmer.

Pour décorer l'entrée on a placé des éléments de design actuel: fauteils et étagères de méthacrylate transparent, car ce matériaux n'occupe pas visuellement l'espace. Tout repose sur un tapis de ficelle qui réchauffe la zone.

N. Cinnamond, Estudio CLC
Arquitecto

Esta escalera y los pasillos están ubicados en un chalet en plena montaña. Desde el recibidor se desciende a las zonas de estar.
Básicamente se han usado dos materiales, típicos en las construcciones de esta región: piedra y madera. En las fotografías se observa perfectamente la calidad de acabado que dan estos materiales, y lo acogedor del espacio a pesar de las grandes proporciones del mismo.

This staircase and hallway are found in a house in the mountains. One descends from the entrance into the living room. Basically two materials typical of the buildings in this region have been use, wood and stone. The quality of finish in these materials and the warmth of the room in spite of its great size can be observed in the photos.

Dorria (Girona), 1975

Cet escalier et ces couloirs se trouvent dans un chalet en pleine montagne. On descend de l'entrée vers les zones de séjour. Deux matériaux de base ont été utilisés: la pierre et le bois, typiques dans les constructions de cette région. On peut sur les photos, observer la qualité de finition que donnent ces deux matériaux et l'aspect accueillant de l'espace, malgré ses grandes proportions.

José Alemany
Arquitecto

Se intentaba, con este proyecto, conseguir que el pasillo perdiera aspecto de túnel. Para ello se han abierto unas ventanas cenitales que con su haz de luz irrumpen en el espacio, consiguiendo un cierto rompimiento de la longitud del mismo.
Por otra parte, en la zona del hall, se han construido armarios que no llegan al techo y que sustituyen a las paredes; de esta forma se amplia visualmente el espacio de entrada que comunica con el comedor-estar.

The aim here was to make the hallway lose its tunnel-like appearance. Overhead windows were opened which serve to interrupt the space with their beams of light. This helps to break up somewhat the length of the hall.
On the other hand, in the entrance itself cupboards not reaching the ceiling have been installed to replace the walls. Thus the part of the entrance that communicates with the living room-dining room is visually enlarged.

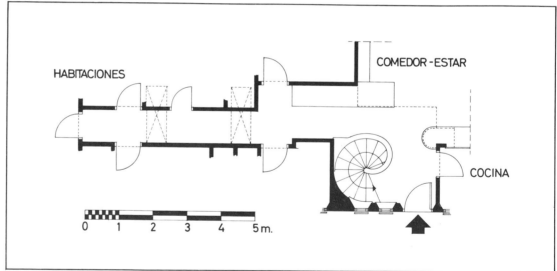

HABITACIONES

COMEDOR -ESTAR

COCINA

0 1 2 3 4 5 m.

Sant Pol de Mar (Barcelona), 1975

On a essayé avec ce
projet de faire perdre au
couloir son aspect de
tunnel. On a pour cela
percé des fenêtres
zenithales dont les
faisceaux de lumière
font irruption dans
l'espace et en rompent
la longitude.
On a d'autre part
construit dans le hall
des armoires qui
n'arrivent pas au plafond
et qui remplacent les
murs; de cette façon,
l'espace de l'entrée est
visuellement agrandi
et communique avec la
salle à manger-séjour.

Gabriel Mora - C. Hernández Cros
Arquitecto   Colaborador

Las fotografías corresponden a la decoración de un piso del ensanche de Barcelona, con la típica distribución de este tipo de vivienda: un pasillo que comunica dos núcleos habitables, cada uno de los cuales da a una fachada; desde el pasillo se accede a los servicios (baño y cocina) y a las habitaciones interiores que se han incorporado al pasillo. En las fotografías puede observarse la adaptación del dormitorio al pasillo, aprovechando al máximo un espacio muy reducido.
El pasillo se ha cubierto con una lona, de esta forma se ha eliminado la gran altura de techo; la iluminación se efectúa cenitalmente a través de la lona. A lo largo del pasillo existen varias separaciones que privatizan los espacios.

The photographs illustrate the decoration of an apartment in upper Barcelona with the typical distribution of this type of building. The hallway connects two groups of rooms both of which are on the front wall. The hallway leads to the bathroom and kitchen and to the interior rooms incorporated into the hallway itself. A bedroom adapted to the hallway can be seen in the photos,

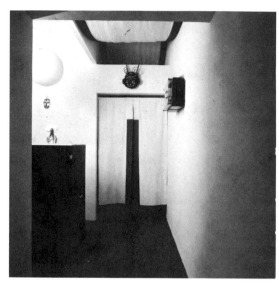

210

Barcelona, 1974

taking maximum advantage of the small space. The hallway is covered with an awning eliminating the great height of the ceiling. The lighting is overhead from behind the awning. Various separations along the hallway divide off different areas.

Les photos montrent la décoration d'un appartement barcelonais du début du siècle, aux pièces disposées selon la façon typique de ce genre d'appartement: un couloir reliant deux noyaux habitables, qui donnent chacun sur une façade différente; tout au long du couloir, on peut accèder à la salle de bains, à la cuisine et aux pièces intérieures. On peut observer sur les photos l'adaptation de la chambre au couloir qui profite au maximum d'un espace restreint. Le couloir est couvert par une bache; on a de cette façon diminué la hauteur du plafond; l'éclairage se fait par le haut à travers la bache. Le long du couloir il existe plusieurs séparations qui rendent les espaces plus intimes.

Jordi Garcés - Enric Soria
Arquitectos

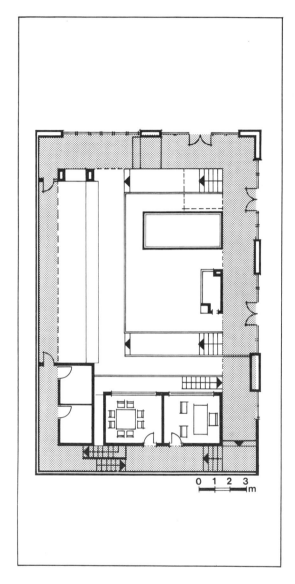

A través de este pasillo-escalera se accede a los despachos principales de una sucursal bancaria. Su importancia viene señalada por la franja de luz continua que ocupa todo el techo y que después aparece en el espacio general, donde esta importancia queda más diluida por las dimensiones del mismo.

This hallway-staircase leads to the main offices of a branch bank. The band of continuous lighting marks this important zone. It runs the lenght of the ceiling and then appears in the general area where its importance is diminished by the size of the room.

On accède par ce couloir-escalier aux bureaux principaux d'une succursale bancaire. Son importance est soulignée par une frange continue de lumière qui occupe tout le plafond et apparait ensuite dans l'espace général, où elle est plus discrète à cause des dimensions.

Martorell - Bohigas - Mackay, Lluís Pau

Arquitectos   Colaborador

Esta vivienda se desarrolla a ambos lados de un eje estructural y espacial que da carácter a la vivienda. Este eje corresponde a un pasillo que cruza toda la vivienda y aparece en las fachadas laterales de la misma.

Desde este pasillo se van abriendo espacios como el comedor, la sala de estar, recibidor, terraza, etc, y se accede a los dormitorios y servicios.

This home is developed along a structural and spacial axis which gives it its character. The axis is a hallway crossing the whole house and appearing in the lateral walls.

Areas such as the dining room, living room, entrance, and terrace open off of the hallway which leads to the bedrooms and service areas.

Sant Jordi d'Alfama (Tarragona), 1974

Cette habitation se déplie autour d'un axe structural et spacial donnant un certain caractère à la demeure; cet axe est un couloir qui la traverse et débouche sur ses façades latérales. La salle à manger, la salle de séjour, l'entrée, la terrasse s'ouvrent sur ce couloir; il permet aussi d'accéder aux chambres et aux toilettes.

Joaquín Prats
Interiorista

Inicialmente, esta vivienda poseía una gran sala de estar-comedor, que servía de paso al resto de las dependencias, y un recibidor separado de ésta mediante un tabique. La separación con el recibidor se suprimió y se buscó una solución que permitiera crear unas zonas (estar, estudio, comedor) independientes de las zonas de circulación pero relacionadas entre sí. La solución adoptada consistió en la creación de unos muebles desplazables a lo largo de una guía, y una doble corredera transversal que permiten conectar a voluntad las diferentes zonas e independizar éstas de la zona de paso.

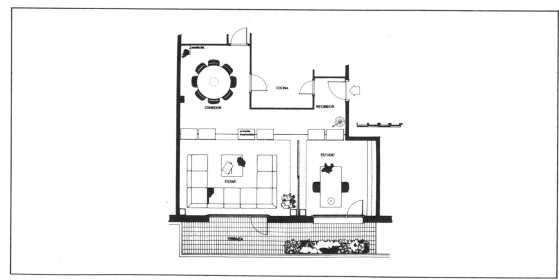

Formerly this home had a large living room-dining room. It served as a transition between the other rooms and the entrance which was partitioned off with a wall. The partition was removed and an arrangement was sought that would allow for the creation of areas (living room, study, dining room) independent from the areas of circulation but related to each other. The solution was the construction of moveable

216

furniture an a track and a double sliding door which allows the different zones to be connected and at the same time separated from the passageway.

Cette habitation possédait initialement une grande salle à manger-séjour, qui servait de passage aux autres dépendances; elle était séparée de l'entrée par une cloison. Cette cloison a été supprimée et l'on a cherché une solution qui permettrait de créer des zones, (séjour, studio, salle à manger) indépendantes de la zone de circulation, mais reliées entre elles. La solution retenue consiste à créer des meubles coulissants, déplaçables sur un rail, et une double porte à glissière transversale permettant de connecter à volonté les différentes zones et les rendre indépendantes du passage.

Jordi Garcés - Enric Soria
Arquitectos

Las grandes dimensiones de la vivienda, tanto en superficie como en altura, y la arquitectura existente, de gran calidad, han llevado a los arquitectos interioristas a buscar una solución que respetara al máximo el entorno existente.
Las fotografías corresponden a todos los espacios de comunicación de la vivienda y que, como se observa en el dibujo, señalan una circulación que recorre prácticamente toda la planta.

The rooms in this home were very large, both in terms of floor area and height. The existing architecture was of excellent quality. These two factors led the architects to seek solutions that would respect the existing arrangement as much as possible.
The photographs show the areas of communication in the house. The sketch

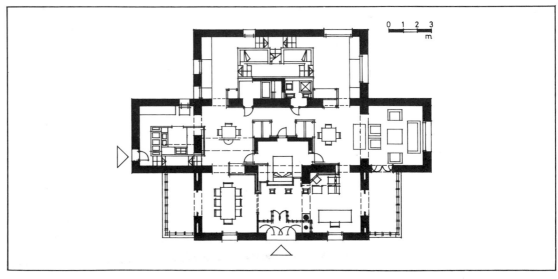

Barcelona, 1970

illustrates how the passageway connects practically the whole floor plan.

Les grandes dimensions de l'habitation, aussi bien en surface qu'en hauteur, et l'architecture existante ont conduit les architectes d'intérieur à chercher une solution respectant au maximum l'environnement existant. Les photographies représentent tous les espaces de communication de l'habitation, et comme on peut le remarquer sur le dessin, montrent une circulation qui parcourt pratiquement tout l'étage.

P. Bonet - C. Cirici, S. Loperena, Studio PER
Arquitectos Colaborador

Esta vivienda es de mínimas dimensiones y está compuesta por dos volúmenes construidos de distinto tamaño, regularizados dentro de una trama de pilares que señalan los espacios de comunicación exterior. Las fotografías corresponden a estos últimos, o sea, al pasillo exterior de acceso que se comunica con una zona más amplia que equivale a una terraza.

This home is very small and is made up of two volumes of two different sizes. They are built inside a series of pillars that mark the areas of communication outside. The photos correspond to these areas, that is, the exterior passageway that leads to a larger area something like a terrace.

Cette habitation est de dimensions réduites et se compose de deux volumes construits de taille différente, unifiés à l'intérieur d'une trame de pilliers qui marquent les espaces de communication extérieure. Les photos représentent ces espaces, c'est à dire, le couloir extérieur d'accès qui communique avec une zone plus grande qui est une terrasse.

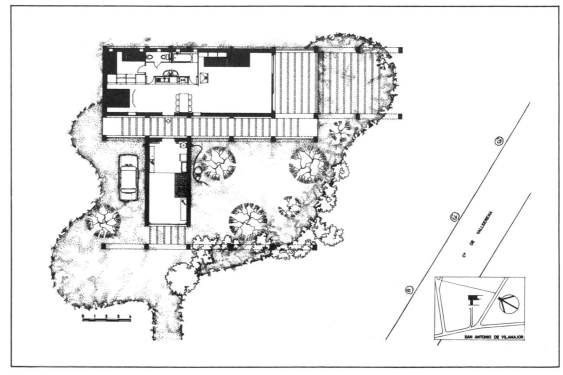

Sant Antoni de Vilamajor (Barcelona), 1974

R. Arango - P. Morales
Interioristas

En este chalet la zona
de paso entre el comedor
y la sala de estar se usa
como distribuidor e
invernadero, dado que las
especiales características
de este espacio, con
iluminación cenital,
mantienen a las plantas
en magnífico estado.

In this house the passage
way between the dining
room and living room is
used for a hall and
conservatory, since the
overhead lighting and
other special
characteristics of the
room keep plants in
excellent condition.

La zone de passage entre
la salle à manger et la
salle de séjour est,
dans cette villa, utilisée
comme hall et comme serre.
Les caractéristiques
de cet espace, et
l'eclairage zénithal,
conservent les plantes
dans des conditions
excellentes.

La Moraleja (Madrid), 1975

Estudio de Arquitectura y Decoración, Miguel Oriol

En la restauración del Palacio Mudéjar de Layos se creó un pasillo-galería en el segundo piso; el cerramiento se realizó con carpintería de madera, respetando el artesonado del techo. La galería se utiliza para exponer trofeos de caza, esculturas, muebles antiguos, etc; en algunos tramos se han creado pequeñas zonas de estar.

A gallery-hallway was built on the second floor of the restored Mudejar Palace of Layos. It was enclosed with wood, leaving the original artisanship of the ceiling exposed. The gallery is used to exhibit hunting trophies, sculptures, antique furniture, etc. In some sections little sitting rooms have been created.

Lors de la restauration
du Palais mauresque de
Layos, un couloir galerie
a été créé au second
étage: sa fermeture a
été faite en bois et a
respecté le travail
artisanal du plafond. La
galerie sert de lieu
d'exposition de trophées
de chasse, de sculptures,
de meubles anciens, etc.;
de petites aires de repos
ont été créées à
certains endroits.

Beth Tayá - F. Fernández de la Reguera
Arquitectos

Las fotografías están realizadas desde el mismo punto de vista, y a través de ellas se puede observar ia función de este pasillo, de apariencia bastante largo. El pasillo une dos habitaciones y por el centro se accede al baño. Los dormitorios pueden independizarse mediante puertas correderas. Desde dos pequeños pasillos, perpendiculares al primero, se accede a la habitación. Estos últimos tienen uno de los frontales dedicado a armarios.

The photos are all taken from the same point. The role of the hallway can be seen in them. It is quite long.
The hallway joins two rooms and provides access to the bathroom in the middle. The bedrooms can be divided off with sliding doors. Two little hallways perpendicular to the first lead to the rooms. There are cupboards along one front wall.

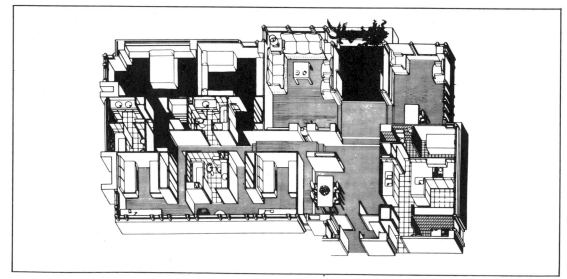

Barcelona, 1975

Les photos ont été prises du même endroit, et l'on peut de la sorte observer la fonction de ce couloir, en apparence assez long. Le couloir unit deux chambres, et au milieu, on accède à la sale de bains. Les deux chambres peuvent être indépendantes grâce à des portes coulissantes. A partir de deux petits couloirs perpendiculaires au premier, on accède à la chambre. Ces deux couloirs ont une extrémité occupée par une armoire.

C. y M. Sánchez Diezma - F. Fernández de la Reguera

Interioristas   Colaborador

El proyecto de decoración
de este piso se desarrolló
partiendo de la creación
de dos islas volumétricas;
en su interior se ubicaban:
en una de ellas el ascensor,
y en la otra armarios y
la zona de servicios.
Estos volúmenes crean a
su alrededor un pasillo
de acceso al resto de las
dependencias de la
vivienda. Los volúmenes
están pintados de azul
oscuro, diferenciándose
de esta forma del resto de
las paredes que están
tratadas con pintura blanca.

Barcelona, 1974

The interior decoration of this apartment is developed around the formation of two volumetric ''islands''. One of them houses the elevator, the other, closets and service area.
The hallway surrounds these two ''islands'' leading to the rest of the rooms in the house. They are painted dark blue, distinguishing them from the other walls, which are white.

Le projet de décoration de cet appartement a eu pour point de départ la création de deux îles volumétriques; on trouve à l'intérieur de l'une d'elles l'ascenseur et dans l'autre, des armoires ainsi que les salles de bains et la cuisine.
Il y a autour de ces volumes un couloir d'accès au reste des pièces de l'habitation. Les volumes sont peints en bleu marine, et tranchent sur le reste des murs qui sont peints en blanc. 229

Joaquín Prats

Interiorista

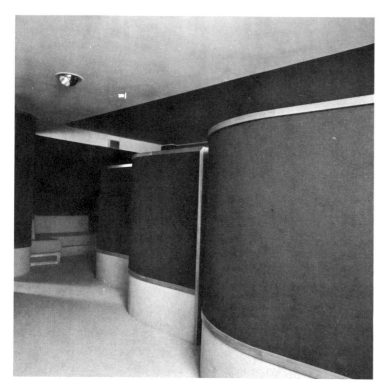

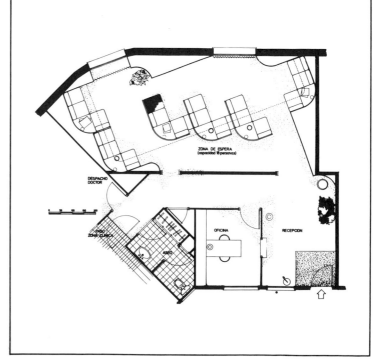

En un gran piso del ensanche barcelonés se tuvo que habilitar un consultorio-clínica dental. Se dividió el piso en dos partes, claramente diferenciadas por el tratamiento de suelos y paramentos verticales. Una zona englobó toda la parte clínica, y en la otra, más cálida de tratamiento, se situó la recepción, sala de espera y despachos. La mayor estancia del piso se utilizó para albergar la sala de espera. Se crearon en ésta unas pequeñas zonas de espera que, por su construcción a modo de pasillo, permiten una cierta independencia y privatividad entre los pacientes que las ocupan.

A dental clinic was to be installed in a large apartment in upper Barcelona.
The apartment was divided into two parts, clearly differentiated by the treatment of the floors and vertical structures. One part contains the clinical area and the other, with a warmer finish, contains the reception desk, waiting room, and private offices. The largest area in the apartment was used for the waiting room. Various small waiting rooms were constructed along a

231

passageway which allows a
certain amount of
independece and privacy
for the patients.

Dans un grand appartement
barcelonais du début du
siècle, on a dû installer
une consultation
de clinique dentaire.
L'appartement a été
divisé en deux parties
clairement différenciées
par les traitements
imposés au sol et
revêtements verticaux.
Une zone est consacrée
à la partie clinique
dans l'autre, traitée de
façon plus chaude, on a
installé la réception,
la salle d'attente et
les bureaux. La pièce
la plus grande de
l'appartement a été
reservée à la salle
d'attente. On y a créé
des petites zones
d'attente qui par leur
construction sous forme
de couloir permettent
une certaine indépendance
er un certain isolement
entre les patients qui
les occupent.

Escaleras Stairs Escaliers

Lluís Clotet - Oscar Tusquets - S. Loperena, Studio PER

Arquitectos   Colaborador

Estas fotografías corresponden a la escalera de comunicación entre las dos plantas existentes en la tienda de muebles B.D. Ediciones de Diseño. Desde la planta superior, por la que se accede a la tienda desde la calle, se desciende a la planta de exposición de los muebles; el problema principal era superar un paso muy estrecho y conseguir, por otra parte, que la escalera tuviera un aspecto importante, dado el servicio público que debía ofrecer.

Barcelona, 1975

These photographs show
the stairs between two
floors in the B.D.
Ediciones de Diseño
furniture store.
They descend from the upper
foor, with the entrance
to the store from the street,
to the furniture exhibition
room downstairs. The main
problem that had to be
solved was to overcome the
narrowness of the
passageway and make the
stairway look as important
as its service to the
public reguired.

Ces photos représentent
l'escalier qui relie
les deux étages de la
boutique de meubles ''B.
D. Ediciones de Diseño''.
De l'étage supérieur
qui est celui par lequel
on rentre quand on vient
de la rue, on descend à
l'étage d'exposition des
meubles; le problème
était de déguiser un
passage étroit et d'obtenir
d'autre part que l'escalier
ait un aspect imposant
à cause du service publique
qu' il devait offrir.

Bruno Sacchi
Arquitecto

Esta vivienda dúplex se une por medio de una escalera de madera, hierro y mármol. La escalera enlaza una sala de estar con la zona de estudio. La gran iluminación natural de este espacio resalta los colores.

This duplex apartment is connected by a set of stairs made of wood, iron, and marble. It connects a living room with a study area. The strong natural light in this part of the house heightens the colors.

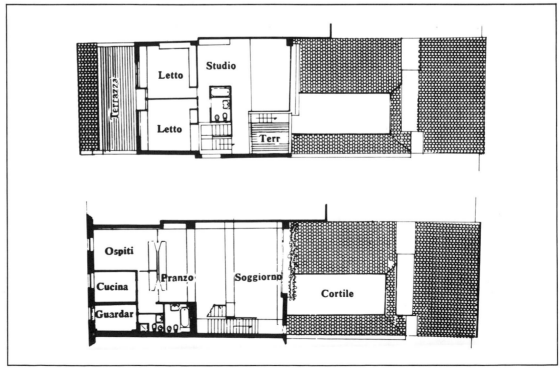

Les deux plans de cet appartement "duplex" sont reliés par un escalier fait de bois, de fer et de marbre. L'escalier réunit la salle de séjour et le bureau. La grande clarté naturelle de cet espace fait ressortir les couleurs.

Pals (Girona), 1973

Esta escalera sirve de unión entre dos bloques de apartamentos de iguales características; está, por tanto, situada en el centro de la edificación y la cruza en diagonal de abajo a arriba; hace posible el acceso a las viviendas mediante el desarrollo de rellanos.

This stairway serves as the union between two similar blocks of apartments. It lies between the two and crosses them diagonally from bottom to top. It provides entrance to the different apartments by means of landings.

Cet escalier qui unit deux blocs d'appartements aux caractéristiques semblables, se trouve situé au centre de la construction et la traverse en diagonal de bas en haut. On accède aux appartements par des paliers.

Javier Feduchi
Arquitecto

Los distintos niveles
señalan los diferentes
usos de cada zona; pequeños
tramos de escalera van
uniendo estos espacios.
Estas escaleras y la que
da acceso al piso superior
están realizadas en
piedra blanca (Colmenar)
que combina con el suelo,
revestido con lamas de
madera color claro.

Differences in floor level
delineate areas of
different usage. They are
connected with little sets
of steps.
These steps and the
stairs to the second floor
are made of white stone
(Colmenar) which combines
with the floor covered
with light colored wood
panels.

Puerta de Hierro (Madrid), 1975

Les différents niveaux
soulignent les usages
différents de chaque zone.
Des petits tronçons
d'escalier unissent ces
espaces.
Ces escaliers ainsi que
celui qui conduit à
l'etage supérieur sont
en pierre blanche
(Colmenar) qui se marie
très bien avec les lattes
de bois clair dont le
sol est recouvert

L. Cantallops - J. A. Martínez - E. Torres - A. Figueras
Arquitectos   Colaborador

Esta escalera está ubicada en una tienda de muebles; al ser de uso público es amplia y se desarrolla de forma que su subida es agradable y descansada.
De líneas sencillas, la barandilla es de hierro y el pasamanos de madera revestida de cuero.

This stairway is in a furniture store. Being a public stairway it is wide and not too steep.
It is very simple in design; the balustrade is made of iron and the railing is made of wood covered with leather.

Cet escalier se trouve dans une boutique de meubles; à cause de son usage public, il est large, agréable et facile à monter.
Ses lignes sont simples, les barreaux de la rampe sont en fer et la main courante en bois recouvert de cuir.

Barcelona, 1975

Lluís Clotet - Oscar Tusquets, Studio PER

Arquitectos

Una antigua construcción, muy popular en la arquitectura tradicional de la isla, se ha adaptado a las necesidades actuales. El exterior se ha convertido en un pasillo-escalera, dada la imposibilidad que había de unir por el interior las dos plantas existentes; la escalera envuelve toda la construcción, de esta forma se han ido creando diferentes espacios de usos diversos: porches, escaleras, pasillos, etc.

An old building of traditional architecture typical of the island was remodeled for today's needs. The outside has been made into a hallway-staircase since it was impossible to connect the two floors from inside. The stairs envelope the whole building leaving room for various different areas such as porches, stairways, passageways, etc.

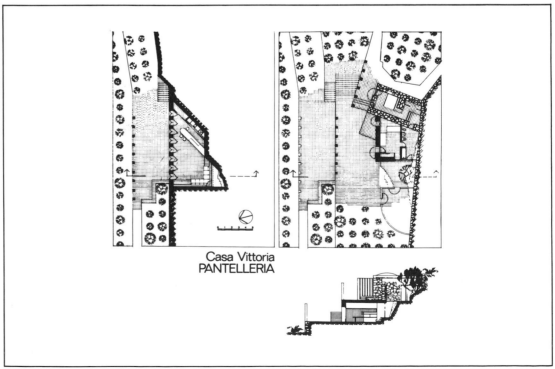

Casa Vittoria
PANTELLERIA

Pantellería (Italia), 1974

Une construction ancienne, très populaire dans l'architecture traditionnelle de l'île, a dû être adaptée aux nécéssités actuelles. L'extérieur est devenu un couloir escalier, vu l'impossibilité qu'il y avait de réunir par l'intérieur les deux étages de la demeure. L'escalier enveloppe toute la construction et cela a permis de créer différents espaces à usages divers: porches, escaliers, couloirs, etc.

Beth Tayá - F. Fernández de la Reguera
Arquitectos

Se tenía que acceder desde un piso a un altillo superior; el espacio del que se disponía era muy reducido.
Se construyó una escalera de caracol que gira sobre un eje central, que se mantiene exento y que se usa como barandilla o simple apoyo.

There was very little space to install a stairway from floor to balcony.
A spiral staircase was built around a central post that is used as a handrail or simply a support.

Il fallait, partant d'un appartement, accèder à un niveau supérieur; on disposait d'autre part de peu de place.
On a construit un escalier en colimaçon qui tourne autour d'un axe central qui sert de rampe.

Rafael Moneo - Elías Torres

Arquitectos

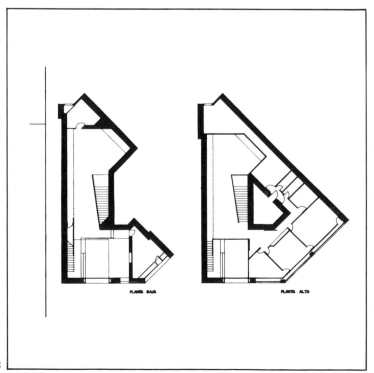

PLANTA BAJA   PLANTA ALTA

Estas escaleras establecen una doble circulación y unen las dos plantas de una sala de exposiciones. Las barandas de las escaleras del altillo y algunos volúmenes de separación de espacios se han realizado con madera de sicomoro. En el suelo se ha colocado una moqueta de color marrón oscuro.

This double set of stairs unites the two floors of an exhibition hall. The banisters of the stairs to the gallery and some of the partitions are made of sicamore wood. There is dark brown moquette on the floor.

Ces escaliers établissent une double circulation et unissent deux étages d'une salle d'exposition. Les barreaux des escaliers de la partie supérieure et certains volumes de séparation de l'espace sont en bois de sycomore. Le sol est recouvert d'une moquette marron foncé.

P. Bonet - C. Cirici - S. Loperena, Studio PER
Arquitectos   Colaborador

Desde el jardín de la parte posterior y por un extremo de la vivienda se accede a los espacios exteriores, terraza y piscina, situados en la cubierta.
El primer tramo de escalera se comunica con un pasillo cubierto, que bordea la vivienda por una fachada, y desde el que se accede al interior de la misma.
Desde la zona de piscina y mediante una escalera metálica se puede ascender a un nivel superior.

The outdoor areas are reached fron the garden behind the house and from one of the house itself.
They include the terrace and swimming pool located on the roof.
The first set of stairs reaches the covered passageway running along one wall of the house and leading into the house.
There is a metal stairway leading up from the swimming pool to a higher level.

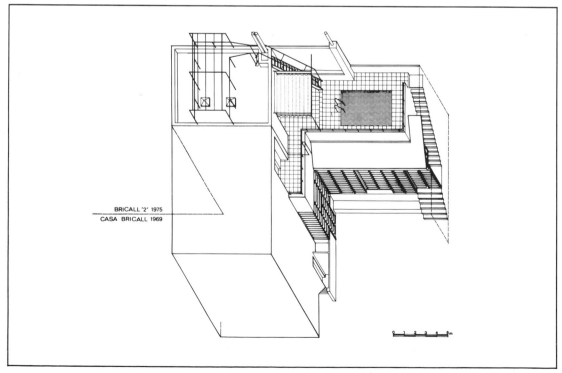

BRICALL '2' 1975
CASA BRICALL 1969

Vilassar de Mar (Barcelona), 1975

A partir du jardin situé
derrière la maison et
par l'un des côtés de
la demeure on accède aux
espaces extérieurs,
terrasse et piscine qui
se trouvent en haut de la
maison.
La première partie de
l'escalier communique
avec une galerie couverte
qui borde la demeure sur
une façade, et d'où on
peut accéder à
l'intérieur de la maison.
De la zone de piscine, on
peut au moyen d'un escalier
métalique monter à un
niveau supérieur.

251

D. Pinto Coello
Interiorista

Desde un extremo de la
zona de estar se accede
a un dormitorio-biblioteca
por medio de una escalera
de caracol de bronce.
La barandilla que protege
el pasillo-biblioteca
está también realizada
en bronce, combinando
con barrotes de material
transparente.

A bronze spiral staircase
leads from one end of the
living room area to a
bedroom-library.
The rail protecting the
hallway-library is also
made of bronze with
crosspieces made of
transparent material.

D'une extrémité de la
zone séjour, on monte à
une chambre bibliothèque
par un escalier de bronze
en colimaçon.
La barrière qui protège
le couloir-bibliothèque
est aussi en bronze avec
des barreaux en matériau
transparent.

Pier Luigi Pizzi
Interiorista

Las separaciones y la escalera están construidas en acero, creando una estructura que delimita la zona de entrada, junto con el cielorraso, que concreta también el espacio destinado a recibidor.

The partitions and the stairs are made of steel, forming a structure that delineates the living room area. The entrance is defined by the ceiling and also by the steel structure.

Les séparations et l'escalier sont en acier et créent aisi une structure qui délimite la zone repos; le hall est délimité par le plafond et par la structure mentionnée.

L. Clotet - O. Tusquets - S. Loperena - A. Bohigas, Studio PER

Arquitectos   Colaboradores

La vivienda donde está ubicada esta escalera se desarrolla en altura. Desde cada tramo de aquélla se accede a un espacio que se comunica visualmente con el resto al existir, sólo, paredes interiores para encerrar los servicios. La escalera, de madera, está formada por lamas horizontales, que no rompen en absoluto la transparencia del conjunto.

This stairway belongs to a building developed on a vertical axis. Each section of the stairs leads to an area visually connected to the rest of the building; the only interior walls are those separating the service areas. The stairs are made of horizontal wooden steps which in no way interrupt the transparency of the overall construction.

La demeure où est situé cet escalier s'étire en hauteur. Chaque tronçon d'escalier facilite l'accès à un espace qui communique visuellement avec le reste. Il y a seulement des murs intérieurs pour isoler salles de bains et cuisine.
L'escalier de bois, est formé par des lattes horizontales qui ne rompent absolument pas la transparence de l'ensemble.

254

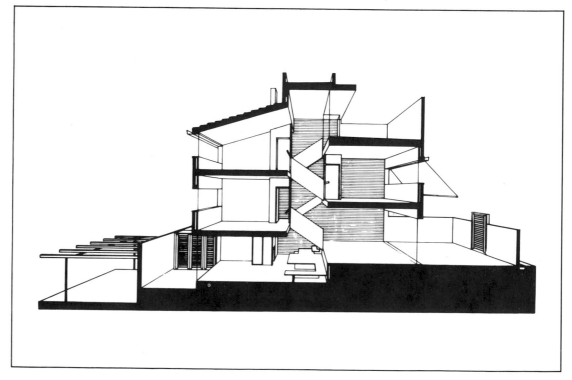

Sant Cugat del Vallés (Barcelona), 1974

Selva de Mar (Girona), 1974

Se tenía que acceder a una planta superior y la mejor posibilidad era una escalera exterior adosada a un muro de piedra existente. La forma curva de la escalera se debe al perfil natural del muro. Una fina losa de piedra salva el vacío que quedaba entre el final de la escalera y la puerta de entrada.

The best way of getting to the second floor was by means of an outdoor stairway built against the exterior stone wall. The curved shape of the stairs is due to the natural curve of the wall.
A thin slab of stone reaches from the end of the stairs to the door of the second floor.

Il fallait accéder à un étage supérieur, et pour cela, la meilleure solution était un escalier extérieur adossé à un mur de pierre déjà là. La forme incurvée de l'escalier est dûe au profil naturel du mur. Une fine dalle de pierre comble le vide qui restait entre la fin de l'escalier et la porte d'entrée.

257

J. Serrano-Suñer
Arquitecto

Debido a la altura de techo se ha podido construir un altillo sobre la zona de estar, que se usa como espacio más íntimo y para reposo; la escalera de acceso es de líneas muy simples y está construida en madera. Son de destacar los complicados elementos estructurales de madera que forman la cubierta de la vivienda.

The ceiling is very high leaving room for a gallery built over the living room. It is used as a place for privacy and relaxation. The stairs are very simple in design and made of wood. It is worth pointing out the complex wooden structural elements forming the roof of the house.

Le plafond étant très haut, on a construit une sorte de loggia qui forme un coin plus intime, et sert d'espace de repos; l'escalier qui y conduit a des formes simples et est en bois.
Les formes compliquées des éléments structuraux en bois qui forment le toit de la demeure sont à remarquer.

Esteban Bonell
Arquitecto

Estas escaleras están ubicadas en dos pisos diferentes del mismo edificio. Las características de las mismas son similares, con la excepción de que una de ellas sirve a una vivienda de dos plantas y la otra a una de tres.
La escalera es de hierro y ello permite, si se desea, revestir las huellas de distintos materiales, dando de esta forma más calidad al acabado de la misma. En las fotografías se puede observar que los peldaños de una de las escaleras están revestidos con corcho y madera.

These stairs are found in two different apartments in the same building. They are similar except that one is in a three floor apartment, and the other in a two floor apartment. The stairs are made of iron which allows the steps to be covered with different materials according to individual taste. It provides for a high quality finish.
The steps of one set of stairs can be seen in the photographs finished in cork and wood.

Ces escaliers se trouvent
dans deux appartements
différents du même
édifice. Leurs
caractéristiques sont
identiques, à l'exception
près que l'un est situé
dans une demeure de deux
étages, et l'autre dans
une demeure de trois
étages. Les escaliers
sont en fer et ceci permet
si on le désire de
recouvrir les marches de
matériaux différents ce
qui donne davantage de
qualité aux finitions
de l'escalier.
On peut voir sur les
photos que les marches de
l'un des escaliers sont
recouvertes de liège
et de bois.

Jordi Garcés - Enric Soria

Arquitectos

Esta escalera es el acceso a varias plantas de oficinas y parte de un amplio vestíbulo; está situada en un edificio de nueva construcción que fue proyectado como ampliación de los antiguos locales. La irregularidad del perímetro de la planta donde debía desarrollarse la escalera motivó la creación de unas repisas; en éstas se han colocado lámparas para la iluminación. Las repisas y el pasamanos son de madera teñida en negro, al igual que el zócalo y el listón que acaba el revestimiento de paredes de papel de celulosa.

This stairway begins in a large vestibule and leads to various floors of offices. It is in a new building that was designed as an amplification of an old establishment.
The place where the stairs were to be built is irregular is shape, which led to the creation of the risers. Lamps for general lighting were placed on them. The risers and railing are made of black stained wood like the socle and fillet marking the edge of the cellulose wall paper.

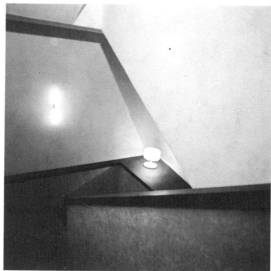

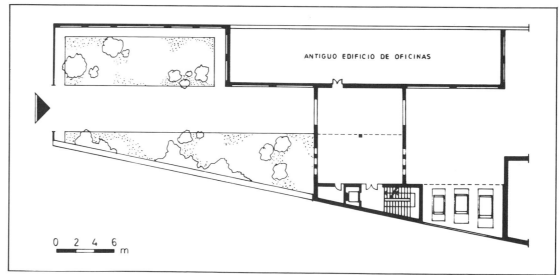

ANTIGUO EDIFICIO DE OFICINAS

0 2 4 6
m

Vilanova i la Geltrú (Barcelona, 1974)

Cet escalier conduit à plusieurs étages de bureaux; il part d'un grand vestibule. Il est situé dans un édifice neuf, projeté comme agrandissement d'anciens locaux. L'irrégularité du périmètre de l'étage d'où devait partir l'escalier a obligé les architectes à construire un rebord ou l'on a placé des lampes pour l'éclairage. Les rebords et la main courante sont en bois teint en noir, de même que les plinthes et les baguettes placées en haut du papier de cellulose qui revêt les murs.

263

G. y L. Bicocchi - R. Monsani
Arquitectos

El carácter histórico de la vivienda impidió una actuación arquitectónica importante en la misma. Se ha intentado conseguir un ambiente tranquilo y monástico. La escalera une la sala de estar con la zona de dormitorios y el diseño de aquélla es de líneas sencillas y materiales transparentes para no recargar en absoluto el ambiente.

Because of the historical character of the building a significant architectural change could not be made. The attempt was to achieve a quiet and monastic atmosphere. The stairs go from the living room to the bedrooms. They are of simple lines and transparent materials so as not to affect the overall atmosphere.

Le caractère historique de la demeure a empêché une action architecturale de grande ampleur. On a essayé d'imprimer une ambiance tranquille et monastique. L'escalier relie le séjour à la partie chambres, son design est de lignes simples et les matériaux transparents de facon à ne pas charger l'espace.

fotógrafos
photographers
photographes